Elizabeth Cole

La Gentillesse me Rend Plus Fort

*« L'amour et la gentillesse ne sont jamais vains.
Ils font toujours la différence. »*
— **Helen James**

Adaptation française par Romain Pillard

Droits d'auteur 2021 par Elizabeth Cole – Tous droits réservés.
Tous droits réservés.

Rien de cette publication, ni aucune information relative n'a le droit d'être emprunté ou reproduit sous quelque format que ce soit (impression, scanner, ou autres…), sans autorisation écrite préalable du détenteur des droits.

Avertissement et conditions d'utilisation :
Tous les efforts ont été produits afin que les informations contenues dans ce livre soient précises et complètes, néanmoins ni l'auteur, ni l'éditeur ne peuvent garantir la précision de l'information, des textes et des dessins du livre du fait de l'évolution rapide de la science, des technologies, ainsi que des aléas connus ou inconnus en lien avec Internet.

L'auteur ainsi que l'éditeur ne seront pas tenus pour responsables des hypothétiques erreurs, oublis ou interprétations contraires, du sujet tel que traité ci-après.
Ce livre est présenté uniquement à des fins de motivation et d'information.

Ce livre appartient à

....

....

Au commencement des vacances d'été, Nick était trop content,
Il voulait en profiter pour se rendre à la ferme de ses grands parents.
Une fois arrivé, il les salua en les serrant fort dans ses bras.
Grand-mère gentiment lui dit : « Tu m'as tant manqué, petit chat. »

Après un délicieux petit-déjeuner, Nick remarqua que la journée était ensoleillée. Poliment, il demanda à son grand-père : « Est-ce que je peux aller jouer ? » Grand père acquiesça et son petit fils disparut de son champ de vision. A peine Nick fut sorti de la maison, qu'il tomba sur une folle altercation.

« Pourquoi cette dispute ? » demanda Nick, vraiment très étonné.
Fronçant les sourcils, Canard répondit : « Vache a ses jouets et ne veut pas prêter. »
Mouton de son côté rouspétait : « Cochon m'a pris mon ballon favori,
Il ne me l'a pas demandé, ni ne m'a dit merci ! »

Vache se moquait du petit canard et du plumeau que formait sa queue,
Pour l'embêter, Canard rétorquait : « Tu es plus grosse qu'une baleine bleue ! »
Cochon était en colère contre Mouton qui l'avait poussé dans la mare.
Tout ce petit monde s'égosillait, en un assourdissant bazar.

Petit Nick leur dit alors : « S'il vous plaît, cessez de vous disputer, c'est grossier !
Faites preuve de gentillesse, même si vous êtes mal lunés !
- C'est quoi la gentillesse ? demanda Canard en se grattant la tête,
La gentillesse, répondit Nick, c'est quand tu fais le bien, tu vois, c'est bête ! »

« La gentillesse, c'est aider ceux dans le besoin,
Être gentil, c'est de tout faire pour faire le bien. »

« Comme hier, quand j'ai aidé ma sœurette à faire ses lacets.
Cela m'a fait plaisir de voir son visage qui souriait... »

« Il nous faut être gentils, respectueux de nos aînés...
Et céder notre siège dans le bus, l'autre jour je l'ai fait. »

« Je respecte les aînés et aussi les plus petits que moi,
J'ai récupéré le ballon d'un enfant dans un arbre l'autre fois. »

« J'ai fait tout ça, sans y être obligé, parce que je l'ai souhaité.
'Et si j'étais à leur place', avais-je alors pensé…
La gentillesse c'est mon choix, ce que je veux apprendre.
La gentillesse, c'est de donner et en retour ne rien attendre. »

« La gentillesse c'est aussi de ne pas se moquer de ceux qui vous sont différents. Peut-être que pour eux tu es différent aussi, si tu y penses un court instant.

« La plus belle des choses est le sourire d'autrui,
La gentillesse est si jolie, prends-la comme un mode de vie.

« Coin ! » fit Canard en ouvrant le bec pour s'exprimer,
« La gentillesse c'est aussi laisser l'autre parler. »

« Ne jette pas tes déchets par-terre dans la rue, ni de plastique dans la mer,
Et tu verras comme la Terre peut être belle et extraordinaire. »

« Ma grand-mère est la meilleure. Elle comble tous mes désirs. Alors je lave la vaisselle, pour lui faire plaisir. La gentillesse, c'est être reconnaissant envers ceux qui sont gentils avec vous. Je suis reconnaissant envers grand-mère pour les repas, pour les cookies, pour tout ! »

Cochon expliqua : « Je suis reconnaissant vis-à-vis du professeur quand il m'apprend des choses nouvelles. »

Canard répondit : « Je suis reconnaissant vis-à-vis du docteur lorsqu'il soigne mes ailes. »

Mouton leva sa main et enchaîna : « Je peux être aussi gentil que vous. J'aiderai Vache pour ses devoirs ! » « - Merci ! » dit-elle d'un 'Meuh !' tout doux.

Cochon fit la promesse : « Je vais désormais partager ma boue si chère. Croyez-moi ce n'est pas facile avec autant de frères. »

Canard renchérit : « Je vais aider maman, à nettoyer tout le logis,
Puis j'amènerai des cookies à notre voisin, Monsieur Souris. »

« Il est tout seul Monsieur Souris, et j'en suis malheureux,
Je vais lui tenir compagnie, c'est sûr, ça le rendra joyeux. »

Jamais les animaux n'avaient été aussi reconnaissants,
Ils s'excusèrent les-uns les-autres, d'avoir été grossiers et méchants ;
Ils apprirent à dire « Bonjour ! » en entrant quelque-part,
A sourire, toujours, plutôt que de broyer du noir.

Tous dirent « Je suis désolé ! », s'ils avaient, par accident, fait du mal.
Être gentil et poli tout le jour, fut l'objectif de chaque animal.
Quand la journée finit, Nick avait encouragé les autres, il en était ravi.
Alors Canard lui dit : « Merci, Nick, d'être un si bon ami. »

Nick était content d'avoir aidé ses amis, son visage souriait de bonheur,
Ainsi fonctionne la gentillesse, elle rend le monde encore meilleur.

« La gentillesse me rend plus fort et aussi très content.
Être gentil avec autrui, c'est s'assurer d'en recevoir également. »

RÉALISE 4 ACTES DE GENTILLESSE D'AFFILÉE ET COLORIE-LES

EST-CE QUE TU LE SENS ? LA GENTILLESSE TE REND PLUS FORT !

Tenir la porte pour quelqu'un	Nourrir les oiseaux	Complimenter un(e) ami(e)	Planter quelque chose
Faire un dessert pour un voisin	Mettre la table pour le dîner	Dire à un proche combien vous l'aimez	Faire le lit de quelqu'un
Inviter une personne à jouer avec toi	Fermer le robinet quand tu te laves les dents	Aider à préparer le dîner	Prêter ou partager un jouet avec un ami
Nettoyer et ranger ta chambre sans qu'on te le demande	Fabriquer un cadeau pour quelqu'un	Nettoyer et ranger tes jouets sans qu'on te le demande	Prendre quelqu'un dans tes bras

Rends-toi ici pour découvrir d'autres actes de gentillesse à réaliser, et aussi pour obtenir d'autres cartes **GRATUITES** !

Cher lecteur, chère lectrice,
Je vous remercie d'avoir acheté mon ouvrage !

C'est le 3ème volume de la série « L'Univers des Émotions des Enfants »,
qui a pour objectif d'aider les enfants à gérer leurs émotions les plus intenses
et à comprendre certaines valeurs humaines parmi les plus essentielles.

J'ai reçu beaucoup d'avis favorables s'agissant de mes 2 premiers livres,
et j'espère que vous prendrez également du plaisir à parcourir celui-ci !
Un remerciement tout particulier à mes jeunes lecteurs/lectrices,
votre gentillesse et vos commentaires sont vraiment cruciaux pour moi,
et ils me donnent de l'inspiration à chaque seconde !

Je suis ravie à l'idée de poursuivre les aventures de Nick !
Quel genre de sujet souhaiteriez-vous que nous abordions lors des prochains ouvrages ?
N'hésitez pas à me faire parvenir vos idées ainsi que vos pensées.
Je suis très impatiente de lire vos retours !
Vous pouvez m'écrire à l'adresse suivante : elizabethcole.author@gmail.com
ou bien visiter le site www.ecole.author.com.

Je vous serais également profondément reconnaissante si vous laissiez un avis sur mon livre.
Voici le lien de « La Gentillesse me Rend Plus Fort » sur Amazon.

Avec tout mon amour,
Elizabeth Cole

CPSIA information can be obtained
at www.ICGtesting.com
Printed in the USA
BVHW021048110822
644348BV00006B/172